Rundflug über das alte Leipzig

Carla Calov

Rundflug über das alte

LEIPZIG

Wartberg Verlag

In unserer Reihe „Bilder aus Leipzig" sind bisher erschienen:

(1) Leipzig – Ein verlorenes Stadtbild
(2) Leipzig – Ein Stadtbild im Wandel
(3) Leipzig – Bewegte Zeiten – Die 50er Jahre
(4) Leipzig – Luftbilder von gestern und heute
(5) Stadtgeschichte Leipzig
(6) Chronik der Stadt Leipzig
(7) Das war das 20. Jahrhundert in Leipzig
(8) Alt-Leipziger Sonntagsausflüge
(9) Alt-Leipziger Sonntagsausflüge Band 2
(10) Rundflug über das alte Leipzig

Fotonachweis:
Stadtarchiv Leipzig, Bildarchiv: S. 6/7 (1978/5208), S. 10/11 (1977/1644), S. 12 (1977/500), S.15 (1977/1940), S. 16 (1982/13461), S. 16/17 (1982/13463), S. 17 (1977/801), S. 18 unten (1978/3976), S. 19 (1977/2925), S. 20 (1985/19512), S. 21 (1977/22), S. 22 (1978/6317), S. 24/25 (1978/3804), S. 25 (1977/2747), S. 26 (1977/2749), S. 27 (1985/19500), S. 28 (1985/19367), S. 29 (1977/2843), S. 30/31 (1977/2844), S. 32/33 (1977/2972), S. 34/35 (1978/4419), S. 36 (1991/34375), S. 37 (1977/2517), S. 38/39 (1977/3759), S. 45 (1978/5200), S. 47 (1988/26626), S. 48 (1986/20722), S. 48/49 (1977/2324), S. 50/51 (1983/16484), S. 52/53 (1978/4385), S. 54/55 (1978/4383), S. 56/57 (1978/4382)

Landesmedienzentrum Rheinland-Pfalz: S. 8/9 (L 37125), S. 13 (L 37118), S. 14 (L 37126), S. 62/63 (L 37097)

Nordrhein-Westfälisches Hauptstaatsarchiv Düsseldorf, historische Aufnahmen Bestand RW 229 (Hansa-Luftbild): S. 18 oben (38903), S. 23 (28545), S. 40/41 (27739), S. 42/43 (35931), S. 44 (42246), S. 46 (30443), S. 58/59 (27305), S.60/61 (28531)

1. Auflage 2001

Druck: Thiele & Schwarz, Kassel
Buchbinderische Verarbeitung: Büge, Celle

34281 Gudensberg-Gleichen, Im Wiesental 1, Tel: (0 56 03) 9 30 50
www.wartberg-verlag.de
ISBN 3-86134-954-X

Vorwort

Mit diesem Band begeben wir uns auf einen Rundflug über das alte Leipzig. Wir erhalten dabei einen Eindruck der Stadt aus der Vogelperspektive vor allem aus den zwanziger, dreißiger Jahren des 20. Jahrhunderts. In ihrer über 800-jährigen Entwicklung wurde die Stadt vor allem durch ihre Stellung als Messe- und Handelsstadt geprägt. Durch die Industrialisierung und den Wandel der alten Warenmesse zur Mustermesse vollzog sich seit Ende des 19. Jahrhunderts die Entwicklung Leipzigs zur Großstadt. Damit waren tiefgreifende, bauliche Veränderungen im Stadtzentrum und im gesamten Stadtgebiet verbunden. Für den Bau der im Zentrum gelegenen großen Messe-Paläste mussten eine Vielzahl alter Wohnhäuser abgerissen werden. Die Einwohnerzahl der Innenstadt verringerte sich durch ihren Ausbau zur City.

Beginnend 1889 wurden in den nächsten Jahrzehnten viele Vororte nach Leipzig eingemeindet. Neben der flächenmäßigen Vergrößerung der Stadt war damit vor allem ein enormes Wachstum der Bevölkerungszahlen verbunden. Darüber hinaus zog Leipzig viele Menschen an, die sich in der Stadt eine Verbesserung ihrer Lebensverhältnisse erhofften und war nach dem Ersten Weltkrieg Zufluchtsort für eine große Zahl Kriegsheimkehrer und Flüchtlinge. Leipzig hatte in diesen Jahren über 700 000 Einwohner. Ihre Unterbringung und Versorgung schuf eine Vielzahl von Problemen. Viele Menschen hatten keine eigene Wohnung. Die Linderung der Wohnungsnot und der somit notwendige Wohnungsbau war eine der dringendsten Aufgaben der Zeit. Aufgrund der wirtschaftlichen und politischen Situation gestaltete sich deren Erfüllung äußerst schwierig. Neben den Wohnungen mussten aber auch Schulen entstehen, eine entsprechende Infrastruktur, Erholungsmöglichkeiten u. ä. geschaffen werden. Die Stadt versuchte darauf zu reagieren, in dem sie oft selbst als Bauherr auftrat, aber auch viele Privatleute, Stiftungen, Genossenschaften engagierten sich in und für Leipzig. Trotzdem konnte der Wohnungsmangel nicht beseitigt werden.

Aber trotz aller wirtschaftlichen Probleme der Zeit wuchs Leipzig weiter. 1929 verabschiedete die Stadt erstmalig ein baupolitisches Programm auf lange Sicht – den Generalbebauungsplan. Zusätzlich entstanden in dieser Zeit viele Wirtschafts-, Messe-, Kultur-, Universitäts- und medizinische Bauten. Die neuen Stadtteile und Vororte mussten verkehrspolitisch erschlossen werden, was einer umfangreichen Erweiterung des städtischen Verkehrsnetzes entsprach.

Unser Rundflug über die Stadt soll etwas von dieser Entwicklung zeigen. Vom historischen Stadtzentrum ausgehend führt unser Flug Richtung Westen entgegen dem Uhrzeigersinn über die Stadt. Ich wünsche Ihnen beim Entdecken der zahlreichen Details auf den historischen Luftaufnahmen viel Freude.

Carla Calov

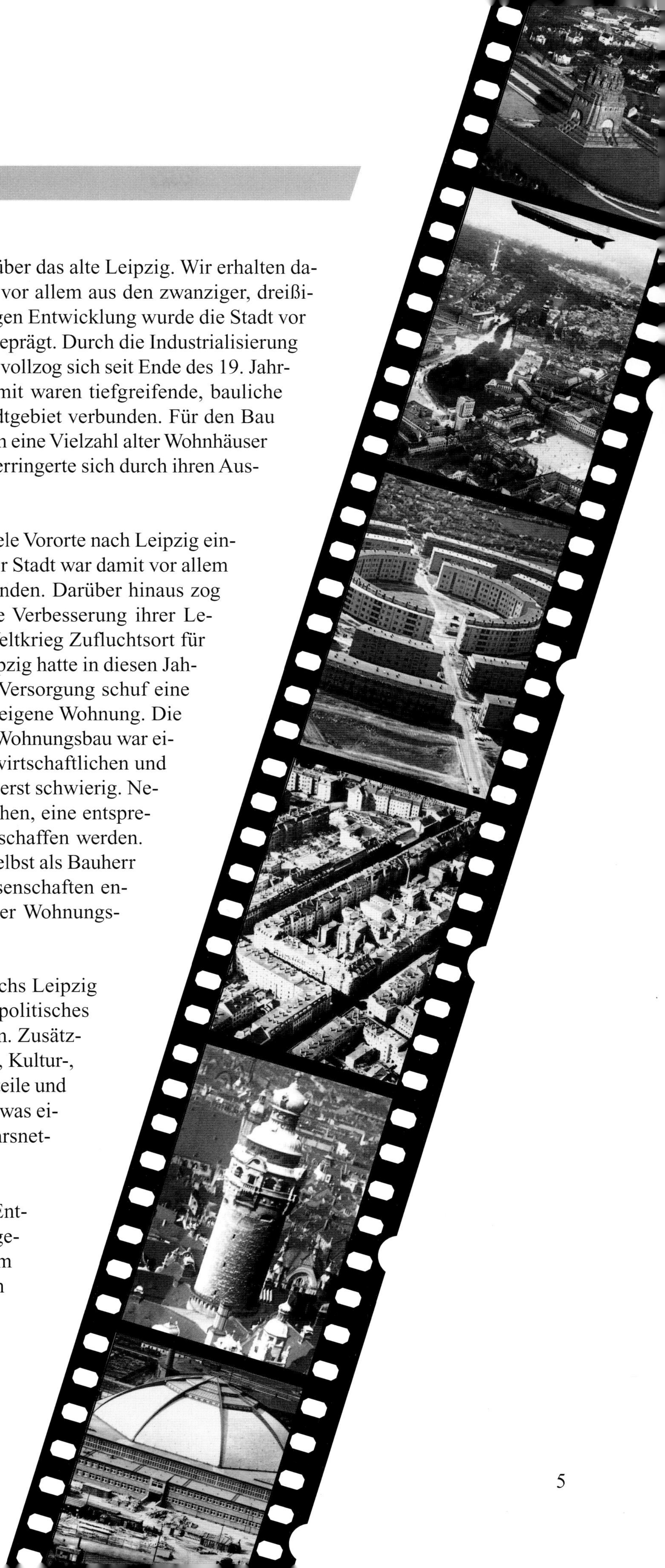

Zu Beginn unseres Fluges über Leipzig schauen wir über das **Stadtzentrum in Richtung Südwesten**. Die Aufnahme vom 5.10.1930 zeigt das Luftschiff „Graf Zeppelin" über der Stadt. Seit Beginn des 20. Jahrhunderts war Leipzig ein beliebtes Ziel von Luftschiffen und Flugzeugen und zahlreiche Rundflüge wurden über der Stadt absolviert.

Im Vordergrund ist der größte Platz der Stadt, der **Augustusplatz** zu sehen. In der Mitte thront das **Neue Rathaus** mit sei-

nem 115 m hohen Turm wie eine Burg. Wir sehen die dichte Bebauung Leipzigs, aber im Hintergrund der Aufnahme auch viel Grün, links der auf dem Gelände der **Sächsisch-Thüringischen Industrie- und Gewerbeausstellung** nach 1897 angelegte **König-Albert-Park**, rechts das **Elsterflutbecken** mit der **Zeppelinbrücke**.

Tiefer gesunken erkennen wir die südliche Hälfte des **Augustusplatzes**. Im Mittelpunkt der Aufnahme das 1856–58 errichtete und 1883–86 erweiterte **Bildermuseum**. Davor der **Mendebrunnen**, rechts die auf den Mauern der **Moritzbastei** ab 1796 durch Johann Carl Friedrich Dauthe erbaute und deshalb den ungewöhnlichen, fünfeckigen Grundriss aufnehmende, ehemalige **erste Bürgerschule**, die seit 1875 als Städtische Schule für Frauenberufe genutzt wurde. Im Vordergrund rechts die Gebäude der **Universität** mit der **Paulinerkirche**. Links neben dem **Bildermuseum** das 1929 errichtete **Europahaus**, am oberen Rand der Aufnahme die **Kreishauptmannschaft**.

Die Aufnahme zeigt uns noch einmal einen weiteren Blick über den **Augustusplatz in Richtung Norden**. Im Hintergrund der **Hauptbahnhof**, vorn die der **Parkanlage** zugewandte Seite des **Bildermuseums** mit dem 1927 anlässlich der Internationalen

Buchkunst-Ausstellung eröffneten **Pavillon-Café**. Gegenüber das 1864–68 errichtete spätklassizistische **Neue Theater**. Links davon das als erstes Hochhaus der Stadt 1927/28 erbaute **Kroch-hochhaus**, dahinter links die **Nikolaikirche.**

Rechts: Der **Marktplatz** mit dem **Alten Rathaus**. Das Rathaus wurde 1556 im Stil der Renaissance durch Hieronymus Lotter errichtet und 1906–08 für das Stadtgeschichtliche Museum umgebaut. Hinter dem Rathaus befindet sich die **Alte Börse** am **Nachmarkt** und der 1908/09 als zweites städtisches Mustermessehaus erbaute **Handelshof**. Auf dem Marktplatz sieht man im Vordergrund den Eingang zur 1925 eröffneten Untergrundmessehalle und im nördlichen Teil das 1888 eingeweihte **Siegesdenkmal**. Auf dieser Aufnahme sind das Straßennetz der Altstadt und die für Leipzig typischen Durchgangshöfe und Passagen gut erkennbar. Vom Markt Richtung Norden führt die **Katharinenstraße**. An dieser Ecke befindet sich die **Alte Waage** und rechts gegenüber das größte **Leipziger Bürgerhaus Kochs Hof**. Schräg links die **Hainstraße** mit **Barthels Hof** und im Vordergrund die 1895 verbreiterte und neu bebaute **Thomasgasse** mit dem **Bismarckhaus** am Markt.

Links: Der **Hauptbahnhof** ist mit seinen 26 Bahnsteigen einer der größten Kopfbahnhöfe Europas. Ein weitverzweigtes Schienennetz durchzieht von hier aus die Stadt. Das Hauptgebäude erstreckt sich in einer Länge von fast 300 m, unterbrochen von zwei imposanten Empfangshallen. Sie spiegelten seit Errichtung des Bahnhofs 1913 bis 1934 die getrennten Zuständigkeiten der preußischen und sächsischen Bahnhofsverwaltung wider. Gegenüber dem Bahnhof ist ein **Teil der Grünanlagen der Promenade**, die nach Abbruch der Befestigungsanlagen und der Stadtmauer um die Altstadt gestaltet wurde, zu sehen. Darin ist der 1819 gesetzte Gedenkstein für den Bürgermeister Carl Wilhelm Müller, der diese Umgestaltung maßgeblich beeinflusst hatte, erkennbar. An der linken Seite des Bahnhofsvorplatzes befindet sich das im Zuge des Bahnhofsbaues errichtete **Hotel Astoria**, rechts im Hintergrund der 1883 eröffnete **Krystallpalast**.

Rechts: Auf dem Gelände der **Pleißenburg** wurde ab 1899 das **Neue Rathaus** für die Verwaltung der sich ausdehnenden Stadt nach Plänen des Stadtbaudirektors Hugo Licht gebaut. Mittelpunkt der Anlage ist der auf dem Fundament der Pleißenburg errichtete 115 m hohe **Rathausturm**. Die Südwestfront als eigentliche Schauseite des Rathauses ist seit der 1905 erfolgten Einweihung des Rathauses bis heute Sitz des Oberbürgermeisters der Stadt. Hinter dem Rathaus sind das 1908–12 als Erweiterungsbau errichtete **Stadthaus** und wiederum die **Thomaskirche** zu erkennen. Rechts am Bildrand befindet sich der 1898–1901 erbaute Sitz der **Deutschen Bank**.

Links: Auf unserem Weiterflug nach Süden schauen wir noch einmal auf das **Stadtzentrum**. Links die **Thomaskirche**, schräg rechts davon der große Komplex des 1927–29 erbauten **Messehauses Petershof** mit seinem hohen, drei Reihen Fenster enthaltenden Dach. Obwohl das Messehaus kein komplettes Quartier umschließt, besaß es Fassaden zu vier Straßen, der **Petersstraße**, dem **Sporergäßchen**, der **Burgstraße** und dem **Thomaskirchhof**. Im Erd- und Untergeschoss befand sich Leipzigs größter Kinosaal. Links im Vordergrund wieder der Grünstreifen der **Promenadenanlagen**, die ein beliebter Aufstellungsort für Denkmale wurden. Im Vordergrund ist der 1892 anlässlich des 100-jährigen Bestehens der Ratsfreischule zum Gedenken an die ersten Direktoren Karl Gottlieb Plato und Johann Christian Dolz errichtete Obelisk zu sehen.

Oben: Weiter in südwestliche Richtung wird der Komplex des **Reichsgerichtes** sichtbar. Das Gebäude wurde 1888–95 errichtet. Auf seiner Zentralkuppel steht eine die Wahrheit symbolisierende Figur. Vor dem Reichsgericht in Richtung Neues Rathaus und rechts vorn entlang der Lampestraße ist der offene Verlauf des **Pleißemühlgrabens** erkennbar. Der Platz vor dem Reichsgericht wurde erst durch die Überwölbung der Pleiße gewonnen. Gegenüber dem Reichsgericht befinden sich weitere im letzten Viertel des 19. Jahrhunderts errichtete **Justizgebäude**, das **Landgericht** und die **Staatsanwaltschaft** an der **Harkortstraße**, die **Gefangenenanstalt** an der **Beethovenstraße**, das **Amtsgericht** am **Peterssteinweg** und das mit einem Eckturm ausgestattete **Polizeipräsidium** an der **Wächterstraße**. Das Haus, dessen Eckturm mit einer Kuppel gekrönt ist, beherbergte die alte **Carolaschule**.

Rechts: Im Mittelpunkt der Aufnahme steht noch einmal das **Reichsgericht**. An seiner Vorderseite ist der von sechs wuchtigen ionischen Säulen getragene Portikus des Haupteinganges zu sehen. Links vom Reichsgericht die 1891 eröffnete **Universitätsbibliothek** mit ihrem Kuppel-Lesesaal und die 1887–90 errichtete **Königliche Kunstakademie** und **Kunstgewerbeschule**. Diese öffentlichen Kulturbauten sind Teil des sich in diesem Gebiet seit Beginn der 80er Jahre des 19. Jahrhunderts entwickelnden, schönsten und vornehmsten Wohnviertels, dem so genannten Musikviertel. Im Hintergrund die ebenfalls in diesem Zeitraum entstandenen Bürgervillen an der **Karl-Tauchnitz-Straße**, rechts am Bildrand die **Fritz-von-Harck-Anlage**.

Oben: Unser Flug geht am Stadtzentrum vorbei **Richtung Nordwesten**. Im Mittelpunkt der Aufnahme das 1766 eröffnete und 1817 im klassizistischem Stil umgebaute **Alte Theater** der Stadt, links daneben das 1906–08 erbaute **Kaufhaus Brühl**. Gegenüber dem Theater auf dem **Schulplatz** steht die 1921 als behelfsmäßige Ausstellungshalle erbaute **Messehalle** am Alten Theater. Sie wurde zwischen den Messen auch für andere Ausstellungen und Veranstaltungen genutzt und 1933 abgerissen. An der vorderen Ecke des dreieckigen **Fleischerplatzes** der Hauptsitz des Verbandes der Vereine Creditreform, dahinter der **Pleißemühlgraben**. Am Ende des Platzes die in den Jahren 1928–30 um- und neugebaute **Hauptfeuerwache**. Am linken Bildrand das steile Satteldach der **Matthäikirche** mit dem 1879/80 neugotisch umgestalteten Dachreiter.
Im Vordergrund der Turm der 1896–99 errichteten **Reformierten Kirche**, oben rechts die westliche Ausfallstraße der Stadt, der **Ranstädter Steinweg**. Vom Alten Theater ziehen sich am Ring weiter die **Promenadenanlagen** entlang. Auch hier ist etwa in der Mitte der Aufnahme ein Denkmal, das 1851 für den Begründer der Homöopathie Samuel Hahnemann errichtet wurde, zu erkennen.

Links oben: Aus dem Stadtzentrum hinaus **Richtung Westen** kreuzen wir die **Hindenburgstraße**, deren Mittelstreifen die 1924 aufgefüllte **Alte Elster** beherbergt. Hierher wurde ab 1907 die Kleinmesse verlegt. Links sehen wir die Dächer der Buden und Fahrgeschäfte, dazwischen das **Verwaltungsgebäude der Kleinmesse** mit dem 1911 aufgesetzten Uhrturm. Hier war auch die **Polizei- und Sanitätswache** untergebracht. Rechts schauen wir in das Wohngebiet westlich der **Waldstraße**. Zwischen den Wohnhäusern befinden sich kleine Betriebe, wie die Fabrik für ätherische Öle Eduard Büttner an der Ecke **Auenstraße**, erste Kreuzung rechts. An der **Elsässer Straße** in der Mitte der Aufnahme ist die 1888 als V. Bezirksschule erbaute **40. Volksschule** zu sehen.

Links unten: Im Mittelpunkt der Aufnahme die 1929 eingeweihte **Höhere Mädchenschule**, die den Namen Max-Klinger-Schule erhielt. Sie wurde wie die 31. und 55. Volksschule, s. S. 20 und 25/26, durch das städtische Hochbauamt unter Leitung von Hubert Ritter im Bauhausstil errichtet. In landschaftlich schöner Lage an der Kleinen Luppe, neben dem ab 1896 angelegten Palmengarten gelegen, wurde der alte Baumbestand so weit als möglich erhalten. Ihre drei parallel angeordneten Klassentrakte schließen auf der sich zum Park öffnenden Hofseite an einen Verbindungsbau an, der im Vordergrund in den **Turnhallenkomplex** und an der linken Seite in einen dreigeschossigen Trakt für die naturwissenschaftlichen Lehrräume und die Verwaltung mündet. Geplant war daran anschließend eine zweite Schule. Rechts am Rand das 1898/99 errichtete **Palmen- und Gesellschaftshaus**, das 1939 für die 1940 geplante, aber nicht realisierte Gutenberg-Reichsausstellung abgerissen wurde.

Oben: Der Blick über das 1891 eingemeindete **Lindenau** erfasst im Mittelpunkt das 1925/26 im Stil des Neuen Bauens errichtete **Westbad**. Es zieht sich zwischen der **Odermannstraße**, im Bild vorn, und dem **Lindenauer Markt** hin. Zum Lindenauer Markt ist es mit einem Uhrturm geschmückt. Die Straße im Vordergrund ist die **Lützner Straße**. An der rechts nach vorn verlaufenden **Kaiserstraße** sehen wir das große Eckgebäude an der **Schadowstraße**, in dem sich das **Postamt W 33** befand. Am linken Bildrand das zur **44. Volksschule** gehörende Gebäude in der **Gemeindeamtsstraße**, das 1899/1900 als Erweiterungsbau für die damalige XII. Bürgerschule errichtet wurde.

Rechts: Unser Flug über **Lindenau** geht in **südliche Richtung**. Am oberen Ende der Aufnahme ist noch die **Lützner Straße** zu erkennen. Rechts oben sehen wir noch einmal das **Postamt** an der **Schadowstraße** von seiner Giebelseite. In der Mitte die 1896 als 22. Bezirksschule errichtete **Volksschule 46a** an der **Merseburger/Ecke Schillingstraße**, die ab 1922 als **IV. Knabenberufsschule** genutzt wurde. Ganz links im Bild die 1901 als IV. Realschule eröffnete **Helmholtzschule** in der **Kanzlerstraße**. Im Hintergrund die Gleise der Ladestelle III in Lindenau.

Links: In dem 1891 nach Leipzig eingemeindeten **Kleinzschocher** wurde die **55. Volksschule** in der **Ratzelstraße** 1929 als eine der modernsten Schulen im Bauhausstil errichtet. Wie schon die Max-Klinger-Schule verkörpert diese sowie die 31. Volksschule, s. S. 18 und 25/26 , einen neuen, den so genannten Leipziger Schultyp. Zwischen zwei Klassenflügeln in Nord-Süd-Richtung befindet sich die Doppelturnhalle. Die Aufnahme entstand noch vor der endgültigen Fertigstellung der Schule, die Anlagen um die Schule sind noch im Bau. Die Schule liegt inmitten einer Kleingartenanlage. Links im Vordergrund die zu den ab 1908 erbauten Wohnungen der **Meyerschen Stiftung** gehörenden, Ende der zwanziger Jahre errichteten Häuser entlang der **Ratzelstraße**. Für die in diesem Gebiet wohnenden Kinder wurde die Schule hauptsächlich erbaut. Rechts hinter der Schule der 1910–13 vom Industriellen Rudolf Sack am **Schönauer Weg** angelegte **Landschaftspark**.

Rechts: Weiter nach Süden schauen wir über **Marienbrunn**, das zur Flur des 1891 eingemeindeten **Connewitz** gehört. Die **Zwickauer Straße** ist auf dieser Aufnahme erst in ihrem ersten Teilabschnitt angelegt. Im Vordergrund die **Probstheidaer Straße**, davor der **Sportplatz der Sportvereinigung Thalysia**. Die Wohnblöcke entlang der **Zwickauer** und **Probstheidaer Straße** wurden 1929 von der Gemeinnützigen Mieterbaugesellschaft erworben, der Block der Gemeinnützigen Aktiengesellschaft für Angestellte im Hintergrund befindet sich noch in Fertigstellung. Dazwischen zieht sich die **Märchenwiese** entlang. Links neben den Wohnblöcken sind die ersten Häuser der **Siedlung Mariental** am **Nixen-** und **Nickelmannweg** zu sehen.

Links: Vom Südwesten Leipzigs schwenken wir nach Süden. Hier entstand im **Scheibenholz** 1867 die erste **Pferderennbahn** der Stadt. Blickfang ist die im Zusammenhang mit einer Erweiterung der Rennbahn 1907 errichtete, mit zwei über das Dach hinausragenden Türmen ausgestattete Tribüne. Hinter der Rennbahn sind das **Elsterflutbecken** und der **König-Albert-Park** zu sehen. Im Vordergrund verläuft entlang des **Pleißemühlgrabens** die **Wundtstraße**, die in der Mitte von der **Arndtstraße** und links von der Tieckstraße gekreuzt wird. Dort waren ab 1910 durch Erich Walter Voigt mehrere Villen im neoklassizistischen Stil errichtet wurden. Auf der gegenüberliegenden Seite der Wundtstraße befindet sich an der Ecke **Karl-Tauchnitz-Straße** ein städtischer **Sport- und Spielplatz**.

1929/30 wurde durch Hubert Ritter eine der interessantesten Wohnanlagen im 1891 eingemeindeten **Lößnig** erbaut – der **Rundling**. Die Anlage entstand auf einer leichten Anhöhe, deren Eindruck durch den um ein Geschoss höheren inneren Kreis verstärkt wird. Zum Zeitpunkt der Aufnahme sind die Arbeiten noch nicht abgeschlossen, einige Blöcke noch eingerüstet. Die Anlage wird durch die **Kriemhildstraße** geschnitten, die von der **Siegfriedstraße** gekreuzt wird. Die beiden Häuser rechts an dieser Straße dienen als Eingang in die Anlage und mit den im Erdgeschoss angesiedelten Läden zur Versorgung ihrer Bewohner. Im Hintergrund sind die **Kleingartenanlagen** und das 1910 eingemeindete **Dölitz** zu erkennen.

Im Oktober und November 1929 wurden innerhalb weniger Wochen die **31. Volksschule** in der **Credner Straße** sowie die **55. Volksschule** und die **Max-Klinger-Schule**, s. S. 18 und 20, als erste Schulneubauten in Leipzig nach dem Ersten Weltkrieg übergeben. Sie wurden durch das städtische Hochbau- und das städtische Schulamt gemeinsam geplant, dabei das Gleichartige in den Schulen typisiert und ein System herausgearbeitet, das bei gleicher Bauweise den abweichenden Forderungen des Bauplatzes und den Besonderheiten der Schulen freien Spielraum gab. Zur gleichen Zeit entstand in dem 1910 nach Leipzig eingemeindeten **Probstheida** der dahinterliegende Baublock zwischen **Credner** und **Preußenstraße** auf noch weitgehend unbebauten Gebiet. An der Preußenstraße ist rechts der **Straßenbahnhof Probstheida** zu erkennen.

Die **31. Volksschule** aus anderem Blickwinkel. Die in der Mitte des Gebäudes gelegene **Turnhalle** sollte bei diesem Schultyp über ihren eigentlichen Zweck hinaus als Veranstaltungsraum nutzbar sein, da aus finanziellen Überlegungen keine extra Aula gebaut wurde. Damit sollten die Schulen auch als kulturelles Zentrum ihrer Umgebung wirken. Die Zwischenwände der Turnhallen konnten in die Höhe gezogen werden. Dadurch entstand ein Raum von 585 qm, der z. B. auch für Film- und Lichtbildervorträge genutzt werden konnte. Das spitze Dach sollte ohne Mehrkosten den Luftraum der Turnhallen vergrößern und die Akustik verbessern. Außerdem bildete es durch die Freihaltung des Dachstuhls ein Schmuckelement in den ansonsten einfach gehaltenen Turnhallen. Links wieder die Bebauung an der Crednerstraße. Im Hintergrund der 65 m hohe **Wasserturm Probstheida**.

1886 wurde im Osten der Stadt ein neuer städtischer Begräbnisplatz geschaffen – der **Südfriedhof**. Er wurde als Parkfriedhof nach einem gemeinsamen Plan des Architekten Hugo Licht und des Stadtgärtners Otto Wittenberg angelegt. Mit dem Bau des **Völkerschlachtdenkmals** in unmittelbarer Nachbarschaft wurde der Friedhof durch Baudirektor Otto Scharenberg weiterentwickelt. Im Mittelpunkt der Aufnahme befindet sich das 1907–10 nach seinen Plänen errichtete **Krematorium des Friedhofs**. Es vereint eine **Hauptkapelle** und zwei kleinere **Seitenkapellen** mit der im Bild davor gelegenen **Feuerbestattungsanlage** und der **Urnenhalle** und ist die größte derartige Anlage nördlich der Alpen. Dominiert wird das Gebäude von dem 60 Meter hohen **Glockenturm**. Zu ihm führen die beiden Hauptalleen von der **Preußenstraße** rechts und von der **Tabaksmühle** links im Bild.

Rechts: Das **Gelände der Technischen Messe** wurde 1913 für die Internationale Baufach-Ausstellung angelegt. Aus dieser Zeit stammt noch die so genannte **Betonhalle** mit ihrer 30 m hohen Kuppel, links vorn im Bild. Ab 1920 wurde es durch das Leipziger Messamt als **Messegelände** genutzt. Die Aufnahme zeigt den Teil des Messegeländes südlich der Straße des 18. Oktober, s. a. das nächste Bild. Die Halle 10, oben in der Mitte der Aufnahme, wurde als **Haus der Elektrotechnik** als Pendant zur Betonhalle errichtet. In die Mittelachsen beider Hallen verlaufen zwei die **Straße des 18. Oktober** kreuzenden Straßen, in Richtung der Betonhalle die **Kruppstraße**, in Richtung der Halle 10 die **Werner-von-Siemens-Straße**. Im Vordergrund die **Hallen 4 und 5** und einer der vier Eingänge zum Messegelände, der über eine Brücke über die Eisenbahngleise führt. Rechts hinter dem Messegelände sind die 1919–25 errichteten **Veterinärmedizinischen Institute der Universität Leipzig** zu sehen, weiter im Hintergrund die **Südvorstadt**.

Links: Unser Blick geht weit **Richtung Nordosten**. In der Mitte der Aufnahme das 1898–1913 zum Gedenken an die 1813 während der Napoleonischen Kriege bei Leipzig stattgefundene Völkerschlacht erbaute Denkmal. Mit 91 m ist es der höchste Denkmalsbau Europas. Im davor liegenden Wasserbecken spiegelt sich das **Völkerschlachtdenkmal** in seiner vollen Größe. Am Kuppelbau unterhalb der Aussichtsplattform befinden sich zwölf je fast 13 m hohe Wächterfiguren. Links im Bild noch einmal die vom Krematorium zum Nordtor des Friedhofs führende **Hauptallee**, darüber ein **Teil des Messegeländes**. Rechts neben dem Denkmal die Anlagen des **Wasserwerkes**. Dahinter das Gebäude der als XVII. Bürgerschule 1914–16 errichteten **28. Volksschule** an der **Schönbachstraße**.

Die Aufnahme bietet eine Gesamtsicht auf das Gelände der **Technischen Messe**, darunter die **Kliniken an der Philipp-Rosenthal-Straße** und die **Deutsche Bücherei**. Diagonal durch die Aufnahme die zum Völkerschlachtdenkmal führende Prachtstraße entsprechend dem 1913 von der Stadtverordnetenversammlung verabschiedeten Bebauungsplan. In Erinnerung an den Tag des Sieges der alliierten Truppen über Napoleon in der Völkerschlacht bei Leipzig 1813 wurde als Na-

me für die Allee **„Straße des 18. Oktober“** gewählt. Links am Rand die beiden Sendetürme der **Mitteldeutschen Rundfunk AG**, zwischen Messegelände und Deutschem Platz der anlässlich der Internationalen Pelzfachausstellung 1930 errichtete **Vergnügungspark** mit Restaurants und **Freibad**. Links daneben die Gleisschleife der Straßenbahn, dem wichtigsten Verkehrsmittel für die Besucher des Messegeländes.

Die **Deutsche Bücherei** wurde 1914–16 an der in der letzten Aufnahme gesehenen Allee als Gesamtarchiv für das deutschsprachige Schrifttum durch Oskar Pusch errichtet. Das markante Gebäude mit den beiden aus der Front tretenden Fassadentürmen zieht sich über eine Länge von 120 m konkav am oval gestalteten Deutschen Platz hin. Zum Haupteingang führt eine breite Freitreppe. Hinter dem Gebäude ist der Lesesaal angeordnet. An der sich anschließenden **Philipp-Rosenthal-Straße** wurden 1922–28 die Universitätsfrauenklinik, rechts im Bild, und 1928–30 die **Orthopädische Universitätsklinik**, links daneben, nach Plänen Oskar Kramers im Bauhausstil errichtet.

Die **Großmarkthalle** an der **Zwickauer Straße** wurde 1927–29 nach Plänen von Stadtbaurat Hubert Ritter und Stahlbetoningenieur Franz Dischinger errichtet. Über einen dreigeschossigen Sockelbau erheben sich weithin sichtbar zwei achteckige freitragende Kuppeln über einen quadratischen Grundriss. Mit ihrer Spannweite von je 76 m waren sie die am weitesten gespannten Kuppelkonstruktionen der Welt. Die Kuppeln wurden mit weißem Schiefer versehen, zum Zeitpunkt der

Aufnahme war nur die linke Kuppel fertig. Geplant war als Erweiterung eine dritte Kuppel, die aber nicht ausgeführt wurde. Hinter der Großmarkthalle die **Gleise der Bahnlinie Leipzig-Hof**. Rechts im Bild der **Ringlokschuppen** und der **Wasserturm** des 1876–78 errichteten **Bahnbetriebswerkes**, im Hintergrund ein Teil der **Südvorstadt**, rechts die **Kronprinzstraße**. Am oberen Bildrand sind links einige Gebäude des Vieh- und Schlachthofes, s. nächste Seite, erkennbar.

Oben: Im Mittelpunkt der Aufnahme der 1886–88 nach Plänen Hugo Lichts errichtete und in den Jahren danach mehrfach erweiterte **Vieh- und Schlachthof**. Rechts die **Gleise der Sächsisch-Bayerischen Staatseisenbahn**, an der direkte Anschlüsse für den Vieh- und Schlachthof genutzt wurden. Im Vordergrund die **Kaiserin-Augusta-Straße**. Der Eingang zum Vieh- und Schlachthof befand sich parallel dazu in der **Kantstraße**, dahinter die **Schlachthallen**, rechts davon der **Viehmarkt**. Die Straße links im Bild ist die erst durch die Anlage des Vieh- und Schlachthofes entstandene **Altenburger Straße**. Sie wurde ab 1912/13 u. a. mit Wohnanlagen des Bauvereins zur Beschaffung preiswerter Wohnungen und 1924/25 innerhalb des städtischen Wohnungsbauprogramms bebaut. Rechts im Hintergrund sind noch einmal die **Großmarkthalle** und die **Veterinärmedizinischen Institute** zu sehen.

Rechts: Das Rote Haus an der **Philipp-Rosenthal-Straße** wurde 1889 durch Stadtbaudirektor Hugo Licht als **Siechenhaus** erbaut. Seit 1897 gehört es zum **Jakobshospital** und wird als Medizinische Klinik genutzt. Die Krankenhausanlage umfasst neben dem Hauptgebäude auch mehrere Krankenbaracken. Dahinter ist die Baustelle des 1928 eingeweihten Erweiterungsgebäudes für die Medizinische Klinik zu erkennen. Rechts neben dem Krankenhaus befindet sich das **Botanische Institut** auf dem Gelände des 1875–78 entstandenen und 1895 erweiterten **Botanischen Gartens** zwischen **Johannisallee** und **Linnéstraße**, dahinter der 1846 angelegte **Neue Johannisfriedhof**.

Nachdem die Frauenklinik in das neue Gebäude an der Philipp-Rosenthal-Straße, s. S. 32/33, umgezogen war, wurde das alte, 1888–92 erbaute **Triersche Institut** an der **Stephan-/Liebigstraße** umgebaut und erweitert und 1931 als Dermatologische Klinik übergeben. Links davon weitere Institutsbauten der Universität. Im Vordergrund die **Liebigstraße**, rechts **Reste des alten Johannistals** mit der ab 1861 errichtete **Universitätssternwarte** in der **Stephanstraße**. Das **Turmhaus** wurde 1886 erbaut. Dieses Gebiet entstand seit den sechziger Jahren des 19. Jahrhunderts als Universitätsviertel und beheimatet eine Vielzahl von medizinischen Einrichtungen und naturwissenschaftlichen Instituten. Rechts oben am Rand der Aufnahme das Gebäude der **Nikolaischule** an der **Königstraße**.

In der Mitte der Aufnahme sehen wir den **Johannisplatz** mit der **Johanniskirche** und dem **Grassimuseum**. Vor der Kirche befindet sich das **Reformationsdenkmal** mit den überlebensgroßen Skulpturen Martin Luthers und Philipp Melanchtons. Am Dreieck des Johannisplatzes führt rechts die **Hospitalstraße**, links die **Dresdner Straße** vorbei. Hinter dem Grassimuseum befindet sich der **Alte Johannisfriedhof** und links der **Rabensteinplatz** – die alte Gerichtsstätte der Stadt. Links von der Kirche die Städtische Schule für Frauenberufe – **Carolaschule** – an der **Ecke Salomonstraße**.

Hinter dem **Friedhof** ist das 1927–29 errichtete Gebäude der **Gutenbergschule** und dahinter das **Buchhändler- und Buchgewerbehaus** an der **Platostraße** zu sehen. Rechts oben an der **Hospitalstraße** das Gebäude des **Verlages Koehler & Volckmar** zwischen **Stephan- und Königstraße**. Davor das **Paketzustell- und Zeitungsverlagspostamt**, rechts davon die **Neue Nikolaischule** und an der **Johannisgasse** das neu erbaute **Opelhaus**. Im Vordergrund die Kreuzung des **Grimmaischen Steinweges** mit der **Querstraße** und das Eckgebäude des **Hotels Sachsenhof**.

Ein Blick in das so genannte **Graphische Viertel Leipzigs**. Es beherbergt eine Vielzahl Verlage, Druckereien und Buchhandlungen. Im Vordergrund die **Salomonstraße/Ecke Dresdner Straße** mit dem **Verlagshaus Meyer** und der im Bau befindlichen **Buchdruckerei Gerstäcker**. Links ist wieder die **Caroloschule** zu erkennen. Darüber die Rückfront der **Querstraße**.

Rechts ist schräg die **Dörrienstraße** und am oberen Rand das mehrflügelige, 1875 erbaute Geschäfts- und Fabrikgebäude **Thiemes Hof** auf dem Gelände von **Czermaks Garten** zu sehen.

Im Hintergrund die **Gleisanlage des Hauptbahnhofs**, der Kuppelbau des **Krystallpalastes** und verschiedene Gebäude des **Bahnhofs** bzw. der **Bahnmeisterei**. Davor verläuft die **Hofmeisterstraße** zum **Zollamt** am **Dresdner Bahnhof** rechts oben. In der Mitte der Aufnahme die **Kreuzung Inselstraße**, **Mittelstraße**, **Marienstraße** und **Reudnitzer Straße**. Das große Gebäude in der **Reudnitzer Straße** ist das **Buch- und Versandhaus Zur Engelsburg**, 1896 als Geschäftshaus der Firma J. J. Weber, den Herausgebern der Illustrierten Zeitung, erbaut. Rechts schneidet diagonal die **Tauchaer Straße** als wichtige Ausfallstraße nach Nordost die Aufnahme. An ihr sind am Rand der Aufnahme rechts die Hintergebäude des **Varietés und Theaters Battenberg** zu erkennen.

Die Aufnahme bietet einen weiten Blick über den **Norden** der Stadt, Richtung **Eutritzsch**. Im Mittelpunkt steht das 1929 erweiterte **Elektrizitätswerk Nord** mit seinem 160 m hohen Schornstein an der **Eutritzscher Straße**. Daneben das 1908–13 errichtete Gebäude des **Städtischen Leihhauses**. Mit seiner Mittelfront ist es zum **Yorckplatz** ausgerichtet, die beiden Seitenflügel gehen entlang der **Yorck- und Hauptzollamtstraße**. Hinter dem Elektrizitätswerk der 1904 erbaute **Gasometer** des Gaswerkes. Ganz rechts die **Berliner Straße** mit dem Tunnel unter den Bahngleisen und dem **Straßenbahnhof** an der **Wittenberger Straße**.

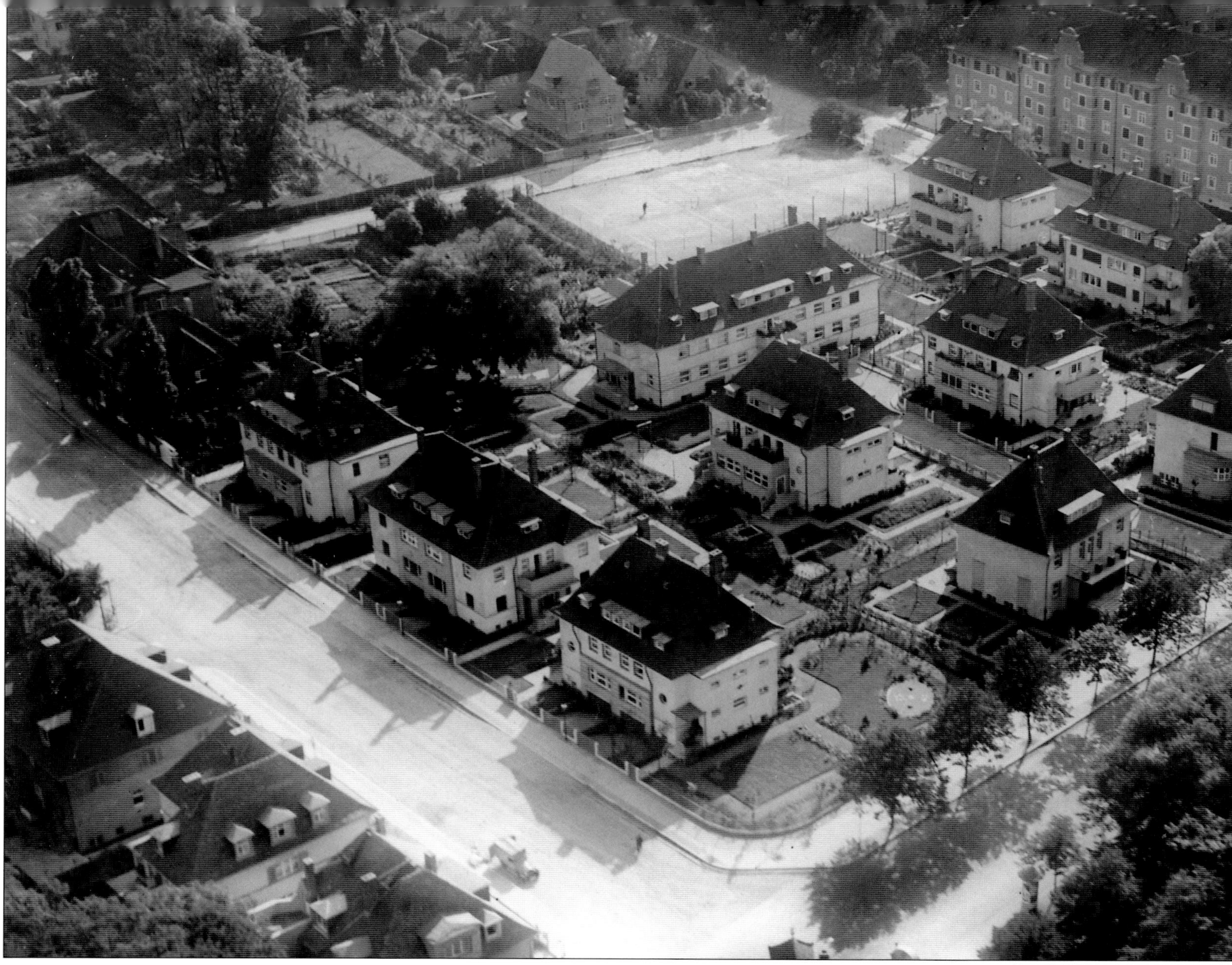

Rechts: Die **Wohnanlage an der Thaerstraße** wurde 1927–30 nach Plänen Hubert Ritters geschaffen. Im Vordergrund quer die **Delitzscher Straße** und davor der **Eutritzscher Markt**. Die Aufnahme entstand zum Ende der Bauzeit, wie die Baustelle auf der vorderen, noch ungestalteten Grünfläche und der Beginn der Ausgestaltung der **Thaerstraße** zu einer Allee zeigen. Die Fassaden sind durch Putz- und Klinkerflächen gegliedert, die Zeilenenden der Wohnblöcke am Platz mit Eckerkern geschmückt. Links hinter den Wohnhäusern ist ein **Sportplatz** zu erkennen. Das gesamte Gelände war 1913 Austragungsort des 12. Deutschen Turnfestes in Leipzig, die Feststraße verlief entlang der **Thaerstraße**.

Links: Im Vordergrund die **Kreuzung Geibelstraße/Lothringer Straße**. Im Hintergrund ein **Tennisplatz** an der **Kleist-/Ecke Dinterstraße**. Rechts am oberen Rand ein Teil der von der Gemeinnützigen Beamten-Baugenossenschaft 1928/29 errichteten **Wohnanlage**. Im Vordergrund sind noch die ersten Bäume des 1899–1904 angelegten und 1912–14 erweiterten **Eutritzscher Parks** zu erkennen. Die Sackgasse in der Mitte der Aufnahme wurde mit Bau der Wohnbauten angelegt und 1929 **Am Parkteich** benannt.

Oben: 1913 wurde auf dem Gelände des ehemaligen Rittergutes Mockau ein **Flugplatz** eingeweiht. Ganz links im Bild das **Hotelgebäude mit Restaurant**, **Fliegerheim** und **Offizierskasino**. Hier befindet sich der Haupteingang zum Flugplatz an der **Dübener Landstraße**. Rechts die Start- und Landebahn. Nachdem die Hauptstrecken im Personenluftverkehr Ende der zwanziger Jahre immer mehr den Flughafen Schkeuditz (s. S. 62/63) anflogen, widmete sich Mockau vor allem der Pilotenausbildung und dem Luftfrachtverkehr. Außerdem verlegten die Junkers-Werke ihre Reparaturwerft sowie die Abteilungen Schädlingsbekämpfung und Luftbildstelle in das 1915 nach Leipzig eingemeindete Mockau. Zum Einsatz kamen dafür meist einmotorige Flugzeuge wie die Junkers F13.

Rechts: Im Mai 1913 wurde das städtische **Krankenhaus St. Georg** an der nördlichen Stadtgrenze auf dem Gebiet des 1890 eingemeindeten **Eutritzsch** eröffnet. Die Aufnahme wurde aus der Kabine eines Luftschiffes fotografiert. Die großzügige Anlage zieht sich fast 500 m an der **Delitzscher Straße** entlang. Im Mittelpunkt befinden sich die sechs Bettenhäuser, wobei die beiden links für Lungenkranke mit den offenen Liegehallen nach Süden errichtet wurden. Dahinter befindet sich das Kesselhaus mit dem 65 m hohen Schornstein. Bei den beiden kleineren mit überdachten Gängen verbundenen Gebäuden handelt es sich um das Operations- und Badehaus. Die brachliegende Freifläche sollte für weitere sechs Bettenhäuser genutzt werden. Das kleine (angeschnittene) Gebäude an der Teichanlage im Vordergrund dient der Abwasserreinigung.

Die so genannte **Krochsiedlung** an der **Landsberger Straße** in **Neu-Gohlis** wurde 1929/30 durch die Haus- und Grundbesitz A. G. auf noch unbebauten Gelände errichtet. In den im versetzten Zeilensystem mit angegliederten Kopfbauten errichteten drei- und viergeschossigen Blöcken entstanden über 1000 Wohnungen. Die Siedlung gehört mit ihren Flachdächern, den

glatt verputzten Fassaden und den verglasten Hauslauben zum Stil der Klassischen Moderne. Am **Tauchaer Weg** wurden eingeschossige Ladenbauten zur Versorgung der Bewohner errichtet. Im Hintergrund wird die Siedlung von der **Wilhelmshavener** und rechts von der **Bremer Straße** begrenzt. Links der **Sportplatz der Reichswehr**.

Ab 1895 ließ die Stadt für das bis dahin in der Pleißenburg stationierte 8. Infanterieregiment Nr. 107 eine Kaserne, die spätere **Prinz-Johann-Georg-Kaserne**, an der **Heerstraße, Ecke Tauchaer Weg** errichten. Dahinter rechts befindet sich die Kaserne für das 2. Ulanenregiment Nr. 18, die spätere **König-Albert-Kaserne**. Damit wurde eine weitere Konzentration von Kasernenbauten im Leipziger Norden sowie den Vororten Gohlis und Möckern erreicht. In diesem Zusammenhang wurden die Straßen ausgebaut sowie die Straßenbahnlinie in der Landsberger Straße, oben rechts, verlängert. Am unteren Bildrand die **Wassertürme** zur Versorgung der sich ausweitenden nördlichen Stadt, daneben das **Militärgericht** mit der **Arrestanstalt**. Links ein Teil des **Proviantamtes**, darüber im parkähnlich gestalteten Gelände das **Garnisonslazarett**.

1875–77 wurde in **Möckern** an der Grenze zu Gohlis der imposante Kasernenbau für das 7. Infanterieregiment Nr. 106, die spätere **König-Georg-Kaserne**, an der **Hallischen Straße** errichtet. Dazu wurde ein selbstständiger Gutsbezirk Kaserne Möckern gebildet, der 1925 nach Leipzig eingemeindet wurde. Das **Hauptgebäude** hat eine Länge von 345 m. Davor liegt der durch eine Allee geteilte und mehrfach umgestaltete **Exerzierplatz**. 1920–35 war in dieser Kaserne die Landessicher-

heitspolizei untergebracht. Im Vordergrund die im Zusammenhang mit dem Kasernenbau entstandenen Wohnhäuser entlang der **Hallischen Straße** des 1910 nach Leipzig eingemeindeten **Möckerns** an der **Kreuzung Eckardt-, Wedell- und Krosigkstraße**. Rechts am Rand der Aufnahme an der **Hallischen Straße** gegenüber des **Holzplatzes** das **Finanzamt Nord** und die Gleise der Thüringer Bahn. Im Hintergrund die **Kasernen an der Heerstraße**.

Das **Kasernengebäude** von hinten zeigt die vier 30 m langen und 15 m breiten, angebauten Flügel. Das riesige Hauptgebäude beinhaltete nicht nur Unterkünfte für die Unteroffiziere und Soldaten, sondern auch Wohnungen für die Offiziere, Unteroffiziere und Beamten mit ihren Familien. Auf dem **Exerzierplatz** sieht man den 1927 angelegten **Sportplatz**. An der **Wedellstraße** und hinter dem Hauptgebäude weitere zur Kaserne gehörende Gebäude sowie der bis 1903 genutzte **Wasserturm**. Links die zwischen den Kasernen befindliche Eisenbahnlinie Richtung Halle. Rechts die 1931 durch die Stadt errichteten Wohnhäuser in der **Katzlerstraße**.

An der Strecke Richtung **Leutzsch** schauen wir in das 1890 eingemeindete **Gohlis**. Im Vordergrund die **Breitenfelder Straße**. Entlang des Grünzuges an den Gleisanlagen führt die **Artilleriestraße**, dahinter parallel die **Ulanenstraße**, rechts die Rückfronten der **Landsberger Straße**. Die Mietshäuser wurden Anfang des 20. Jahrhunderts errichtet.

Das 1926–29 nach Plänen von Hubert Ritter erbaute Wohngebiet zwischen der **Heimteich-, Gauß-, Hellerstraße** und **Pfingstweide** in dem 1922 nach Leipzig eingemeindeten **Leutzsch**. Hier wurden als Teil des städtischen Wohnungsbaues Kleinstwohnungen zur Linderung der Wohnungsnot nach dem Ersten Weltkrieg errichtet. Innerhalb der Gebäudekomplexe wurden begrünte Innenhöfe mit Kinderspielplätzen angelegt. Der Zugang ist teilweise durch drei Etagen hohe Torbögen, in der Aufnahme vorn rechts an der Ecke **Gaußstraße/Hellerstraße**, betont. Die Blöcke sind oft durch Treppenhauserker gegliedert. Im Hintergrund ist an der **Heimteichstraße** noch ein Wohnblock im Bau. Dieser zweite Bauabschnitt des Wohngebietes wurde durch Walther Beyer errichtet. Im Hintergrund die **Barnecker Straße**.

Hiermit verlassen wir das Leipziger Stadtgebiet. Die letzte Aufnahme zeigt den 1926/27 für die Städte Halle und Leipzig errichteten **Flugplatz Schkeuditz**. In der Mitte das **Empfangsgebäude** mit Parkplatz, rechts das 1931 eröffnete **Flughafen-Restaurant** mit großem Freisitz, links die **Flugzeughalle** mit einer Focke-Wulf A38. Vor dem Empfangsgebäude

steht die Junkers G 38 mit der Kennung D-2500. Von diesem riesigen, viermotorigen Flugzeug mit einer Spannweite von 44 m wurden nur zwei Stück gebaut. Es konnte 34 Passagiere und sieben Besatzungsmitglieder aufnehmen. Mit dieser Lufthansa-Maschine verabschieden wir uns von Leipzig und starten in andere Städte und Länder.

Weitere Bücher aus dem Wartberg Verlag

Carla Calov
Leipzig – Ein verlorenes Stadtbild
Historische Fotografien
72 S., geb., zahlr. S/w-Fotografien
ISBN 3-86134-114-X

Carla Calov, Sylvia-Marita Plath
Leipzig – Fotografien von gestern und heute
Eine Gegenüberstellung
60 S., geb., zahlr. S/w- und Farbfotografien
ISBN 3-86134-262-6

Christel Foerster, Sigrid Schmidt
Leipzig
Bewegte Zeiten – Die 50er Jahre
Historische Fotografien
72 S., geb., zahlr. S/w-Fotografien
ISBN 3-86134-337-1

Carla Calov, Manfred Czerwinski
Leipzig
Luftbilder von gestern und heute
Eine Gegenüberstellung
60 S., geb., zahlr. S/w- und Farbfotografien
ISBN 3-86134-470-X

Andreas Flegel
Eilenburg – wie es früher war
Historische Fotografien
72 S., geb., zahlr. S/w- Fotografien
ISBN 3-86134-179-4

Otto Künnemann, Martina Güldemann
Geschichte der Stadt Leipzig
144 S., geb., zahlr. S/w-Fotografien
ISBN 3-86134-909-4

Martina Güldemann
Das war das 20. Jahrhundert in Leipzig
Chronik des 20. Jahrhunderts
108 S., geb., zahlr. S/w-Fotografien
ISBN 3-86134-524-2

Horst Riedel
Chronik der Stadt Leipzig
2500 Ereignisse in Wort und Bild
168 S., geb., zahlr. S/w-Fotografien
ISBN 3-8313-1111-0

Martina Güldemann, Otto Künnemann,
Alt-Leipziger Sonntagsausflüge
Landpartien – wie sie früher waren
64 S., geb., zahlr. S/w-Fotografien
ISBN 3-86134-910-8

Martina Güldemann, Otto Künnemann,
Alt-Leipziger Sonntagsausflüge Band 2
Parthe, Pleiße, Gosenschänke
64 S., geb., zahlr. S/w-Fotografien
ISBN 3-8313-1110-2